- Albanais
- Allemand
- Anglais
- Arabe
- Bengali
- Birman
- Chinois
- Coréen
- Danois / Norvégien / Suédois
- Espagnol
- Estonien
- Finnois
- Français
- Grec
- Hébreu
- Hindi / Tamoul / Télougou
- Hongrois
- Indonésien
- Islandais
- Italien
- Japonais
- Letton
- Lituanien
- Malgache
- Néerlandais
- Polonais
- Portugais
- Roumain / Moldave
- Russe
- Slovaque/Tchèque
- Swahili
- Thaïlandais
- Turc
- Ukrainien
- Vietnamien

Te dua

Albanie / Shqipëria

Ich liebe Dich

Allemagne / Deutschland

I love you

Etats-Unis d'Amérique - Royaume-Uni - Australie - Canada

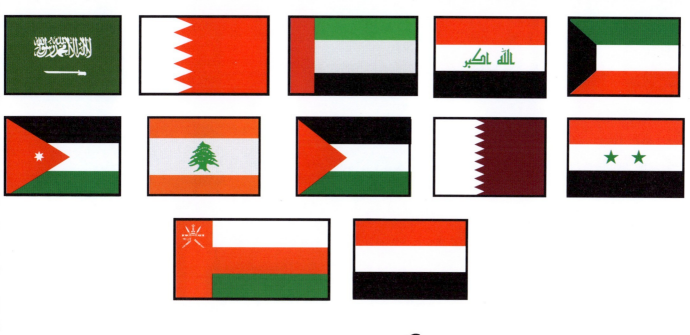

أحبك ('uhibuk)

Arabie Saoudite - Bahreïn - Émirats Arabes Unis - Irak - Koweït - Jordanie - Liban - Palestine - Qatar - Syrie - Oman - Yémen

আমি তোমাকে ভালোবাসি

(Aami tomakey bhalo bashi)

Bangladesh

မင်းကိုချစ်တယ်

(Min go nga chit tay)

Birmanie / Myanmâ

我爱你

(Wǒ ài nǐ)

Chine
Singapour
Taïwan

사랑해

(Saranghee)

**Corée du Nord
Corée du Sud**

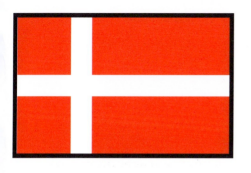  

Jeg elsker dig

Danemark
Norvège
Suède

Te amo

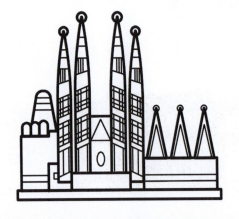

Espagne / España

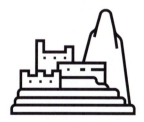

Te amo

Argentine - Bolivie - Chili - Colombie - Costa Rica - Cuba - Équateur - Guatemala - Mexique - Nicaragua - Paraguay - Pérou - République Dominicaine - Uruguay - Venezuela

Ma armastan sind

Estonie / Eesti

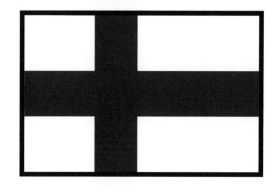

Minä rakastan sinua

Finlande / Suomi

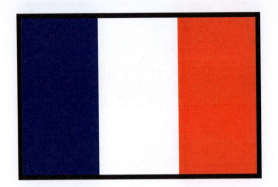

Je t'aime

(Langue Officielle)

Je t'aime

Belgique - Bénin - Burkina Faso - Burundi - Cameroun - Cote d'Ivoire - Gabon - Guinée - Haïti - Luxembourg - Mali - Monaco - Niger - Sénégal - Suisse

σ 'αγαπώ

(s 'agapó)

Grèce / Elláda

אני אוהב אותך

(ani ohev otakh
/ani ohevet otkha)

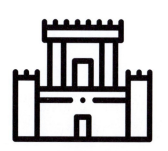

मैं आपसे प्यार करती हूँ (main aapase pyaar karatee hoon)

నేను నిన్ను ప్రేమిస్తున్నాను (Nēnu ninnu prēmistunnānu)

நான் உன்னை காதலிக்கிறேன் (Nāṉ uṉṉai kātalikkiṟēṉ)

Inde / Bhārat

Szeretlek

Hongrie/ Magyarország

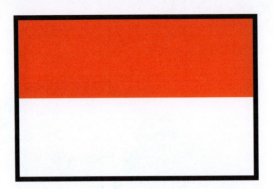

Saya cinta kamu

Indonésie

ég elska þig

(Eg elska thig)

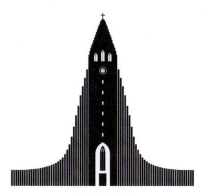

Islande / Ísland

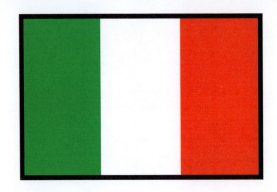

Ti amo

Italie / Italia

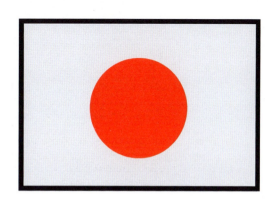

わたしは、あなたを愛しています

(Watashi wa anata o aishiteimasu)

Japon

Es mīlu Tevi

Lettonie / Latvija

Aš tave myliu

Lituanie / Lietuva

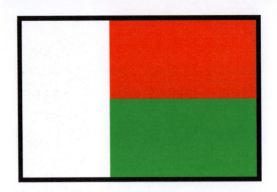

Tiako ianao

Madagascar I Madagasikara

Ik houd van je

Pays-Bas / Nederland

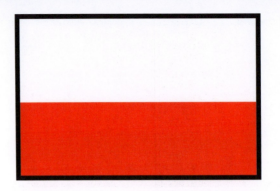

Kocham Cię

Pologne I Polska

Amo-te

Eu te amo

Portugal
Brésil

Te iubesc

Roumanie
Moldavie

я тебя люблю

(ya tebya lyublyu)

Ľúbim ťa
Miluji tě

Slovaquie / Slovensko
République Tchèque / Česko

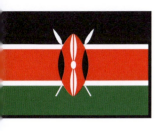   

Nakupenda

Kenya - Rwanda - Tanzanie - Ouganda

ฉันรักคุณ

(Chạn rạk khuṇ)

Thaïlande / Prathet Thai

Seni Seviyorum

Turquie / Türkiye

я тебе люблю

(ya tebe lyublyu)

Ukraine / Україна / Oukraïna

em yêu anh
anh yêu em

Việt Nam

© Sam&Dani 2021. Tous droits réservés.
Sam Dani - Puy-de-Dôme, France
Dépôt légal: février 2022
ISBN : 9798407380870
Code de la propriété intellectuelle. Toute représentation ou reproduction intégrale, ou partielle, faite sans le consentement de l'auteur ou ayants cause, est illicite (alinéa 1er de l'article L. 122-4). Cette représentation ou reproduction, par quelque procédé que ce soit, constituerait donc une contrefaçon sanctionnée par les articles 425 et suivants du Code pénal.

Printed in Poland
by Amazon Fulfillment
Poland Sp. z o.o., Wrocław

35236083R00025